Philip Bartetzko
Leise schwebt das Leuchten
Gedichte

Bibliografische Information der Deutschen Nationalbibliothek:
Die Deutsche Nationalbibliothek verzeichnet diese Publikation
in der Deutschen Nationalbibliografie; detaillierte bibliografische
Daten sind im Internet über http://dnb.dnb.de abrufbar.

© 2024 Philip Bartetzko
www.philip-bartetzko.de

ISBN: 9783759735973
Herstellung und Verlag: BoD – Books on Demand, Norderstedt

Lektorat: Marta Kubis
www.martakubis.de
Satz und Layout: Emily Bähr
www.emilybaehr.de
Coverdesign: Marie Graßhoff
www.marie-grasshoff.de

Leise
schwebt
das Leuchten

Philip Bartetzko

Worte

Worte wandeln sich zu Klängen, wunderbar.
In langen Nächten bloß allein auffindbar.
Goldene, gebannte Liebesblicke rar.
Solange wir schreiben, sind wir da –
und unverwundbar.

Im Mondschein

Sterne funkeln, leuchten – leiten durch die Nacht.
Leise schwebt der Mond – schimmert silbern, sacht.
Neue Wege werden hell und klar im Schein.
Schau nun in die Ferne – mit großer, wilder
Faszination.
Hoffen, beten auf den höchsten Liebesthron!
Ihr Zauber mein Traum – wahres, göttliches Sein.

Umarmung

Wir bewegen uns bedacht
streben Tage
lange Nächte hindurch
mit Ungewissheit, Zweifeln.
Der Druck etwas zu erreichen
fordert Opfer und Tribut.
Wir opfern unsere Zeit
für rasche Anerkennung und Lohn.
Für die neue heilige Statusproduktion –
die in der ganzen Fülle verschwindet und verblasst –
geben wir leichtfertig unreflektiert unseren Raum her

und innerlich leer –
trotz Medienglanz –
suchen wir Glänzen im Außen
und wissen längst, dass es aussichtslos ist.
Mit stillen Schmerzen kämpfen wir weiter
ich suche den analogen Helden
in der Zwischenzeit –
die immer kleiner wird –
doch an Bedeutung zunimmt

mit kleinen Hoffnungen
die meinen Jugend-Flashbacks entspringen
die mich vorantreiben –
die leise schimmern
in mir verborgenen Räumen
die Geheimnisvolles offenbaren könnten
laufe ich rastlos, ohne innere Melodie
dem sich verdunkelnden Himmel entgegen.

Darf man bloß Liebe erfahren
wenn, ach so bedeutende, Karrieren stark nach außen
strahlen?
Wer schenkt Liebe und Vertrauen
ohne zu fragen?
Auf wen können wir bauen
an einsamen, verwirrenden Tagen?

Im scheinbar unendlichen Raum
den wir temporär begehen …
suchen wir wie Raketenwissenschaftler neue Antriebe
um das Unmögliche zu ermöglichen
und verlieren uns in der Suche
die omnipräsent ist –
wie so oft bleibt das Hohe rar.
Wann sind wir wach und vollkommen da?
Ganz unser Selbst
im Innen wie im Außen.
Ist in unserer Gesellschaft beides möglich?

Wir sehen schimmernde Sterne
und Sternschnuppen hören wir
im nächtlichen Reisen
in einem Raum außerhalb des Raums
in einer Zeit außerhalb der Zeit –
für uns bleibt vieles nicht greifbar
schwebt für sich – und ist unsichtbar.

Der geheime, weite Kosmos
der uns alle umgibt, pulsiert –
wir wollen wach sein, frei und gesund –
wir wollen leben.
Wir sehnen uns nach Bedeutung und nach Tiefe.
Nach Wärme und intensiver Menschlichkeit.

Schweben, fliegen, frei und seicht
mit goldenen Flügeln, göttlich leicht
dem Ursprungssinn entgegen?

Ein leiser, tiefer Blick in die Ferne –
und eine Umarmung hat auf einmal kosmische
Bedeutung.

Das Leben mit dir

Leise entschwebt die Zeit.
Ungreifbar durch den Endlosraum
rasant, mit wilden Flügeln.
Gebannt sind wir –
beflügelt von Träumen –
liebäugeln mit wachen Karrieren.
Gefangen im Streben
existieren – ursprünglich leben –
wir wollten so vieles erreichen.
Und die Zeit –
manchmal so beängstigend –
sinnvoll nutzen.
Der Nutzen von dem
was ich hier leise tue
bleibt ungewiss.
Im Außen verborgen sowieso.

Nachts fährt noch ein Zug.
Ich bin wach
schreibe meine Bilder
ersehne neue Welten –
träume von Aufeinandertreffen
träume von ausgelebten Melodien.
Leidenschaft in Gedanken
Stille im Außen.
Tobende Verse
nachklingende Worte?
Verweilen in mir
und schweben unsichtbar.
Im Zwischenraum bin ich wach und da –
niemand sieht hin – ich schwebe unsichtbar.

Kunst –
sie braucht Raum
um sich zu entwickeln
um sich zu entfalten.
Schalt das Handy aus
lass deinen Genius walten.
An Liebe kann ich mich halten
mit zauberhaft-heilenden Salben.
Sie wirkt in mir
und zieht mich an
wie schimmernde Sterne
den Nachthimmel in ihren Bann
sehe das Leuchten in der Ferne.

Deine Augen sind meine schönste Nostalgie –
ewig während.

Ich bin weiter fasziniert
träume von Literaturwelten
und eigenen Melodien.
Im Innen darf ich leben
Ideen erwachen und gedeihen.
Im Außen bleibe ich Beobachter
Außenstehender, Fragender –
all die eintausend Fragen
über unser menschliches Sein.
Über unseren Platz
in diesen kosmischen Sphären
schwinden im Moment –
in dem wir zusammen sind!
Jetzt leben wir doch.
Ganz nah – innerlich berührt.
Verführt von Träumen.
Was brauchen wir noch?

Und müssen wir vollkommen sein?
Und was bedeutet eigentlich Vollkommenheit?

12

Neues Leben

Aus dem Alltäglichen heraus
intensiver Blickkontakt
plötzlich entsteht eine Verbindung
die Hoffnung auf ein neues Leben
während Augen
sich treffen sehnsuchtsreich –
auf einmal erscheint eine Möglichkeit –
wilde, lichte Melodien –
verdrängte Träume – sie tauchen wieder auf.
Wohin sie uns führen –
wenn sie wirken?
Ungewiss.
Doch neuer Mut belebt – wir beginnen –
vertrauen dem zeitlosen Wink der Sterne.

Schatzkarte

Im Funktionieren müssen, gefangen.
Eine Schatzkarte erlangen
zum funkelnden Ausbrechen –
zum funkelnden Selbst.
Innerliche Hafenräume –
im tobenden, sich wandelnden Außen –
in sich finden – in sich festigen
den tiefen Kern, unverfälscht
und außerhalb von Zeit.
Zehren von Träumen
magisches Aufnehmen
von Natur und Leben
in stillen, bewegten Nächten
erwachen – und das Spiel beginnen
nach selbst definierter Quest.

Verlangen

Verlangen:
unbändige Gefühle
wecken dich auf
nehmen dich ein.
In der Nacht –
die allein dir gehören sollte –
dein Kern
dein wahres Sein:
hier spielt seine Melodie laut –
und will gehört werden.

Nächtliche
schimmernde, heiße Strahlen –
das Denken wird unwichtig –
und Regeln
Normen
Zweifel
all das schwindet
verschwimmt im Rausch –
der Sehnsucht nach dem Wahren.

Nach der Berührung
die dich wach hält –
es hält dich ein Versprechen
hoher Liebeskunst –
das geheime Elixier.
Dann fliegt berauscht
und rasch die Zeit –
sowie bei fernen Raumschiffen
mit Orbitalgeschwindigkeit.
Und das Einzige

was Bedeutung hat:
sind Wir.

Wann können wir uns endlich
von allen Aufgaben – und Pflichten lösen –
und nur für unser Innerstes –
und für unsere Träume leben?
Sterne rauschen
in dieser ruhigen Nacht
so wild umher.
Ein Sternenmeer –
voller Leben?
Und meine Wenigkeit
die sich an illusionäre Gedanken klammert –

und doch
die Wichtigkeit
des Menschseins versteht.

Für Leidenschaft

Eine Romanze in der Nacht.
Sie geht aufs Ganze, doch ganz sacht.
Elegant hat er gewacht
geheimnisvoll und silbern –
mit tausend neuen Bildern –
in mir
mit neuer Zuversicht und Energie.
Warme, helle Liebe nur durch sie.
Sie tauchte auf.
Das Mondlicht
führte uns
zueinander.
In einem Moment
ohne Zeit –
verschwimmen wir im Kosmos –
befreiend
wegweisend
für Leidenschaft
lohnt es sich zu leben.

An den Tasten

Tiefe Melodien berühren –
ihre sanften Augen verführen –
für einen Moment im Einklang mit der Welt.
Mit kosmischen Strukturen
mit interstellaren Geheimnissen
denen wir uns – versunken in göttlichen Melodien
nähern.
Sie nähert sich.
Meine Augen wieder offen
wie am Anfang unserer Reise –
klar und rein.
Ihre Liebe –
eine inspirierende Kraft
ganz weise
führt sie mich zu neuer Harmonie –
zum ersten Mal spiele ich für sie
weil man im Jetzt mutig ist –
rasante Klänge von Liszt.
Ihr heißer Körper heiß begehrt.
An den Tasten
habe ich mich sehr bewährt.
Nun beginnt das nächste Spiel
in noch höheren Oktaven.
Die Nacht vibriert wild und steht bevor.
Der Flügel steht wieder allein –
ihre Augen sind der Beginn –
der Weg zum Himmelstor.

Abendlied des Klassikvirtuosen

Du bewegst dich
gekonnt, gefühlvoll
auf mich zu
in dieser warmen
geheimnisvollen Nacht
die doch so golden scheint.
Das Leben: lächelt leicht.
Ich vernehme
deine Wärme
und ersehne
deinen Körper
deinen Duft –
und warte mit Begierde:
dich zu vernehmen
du scheinbar Zarte.
Dein Blick hat dich verraten!
Deine rhythmischen
fließenden Bewegungen
zu nächtlichen
lauten Klängen
wecken tiefe Sehnsüchte.
Spüre: bin ein Mensch.
Spüre: tiefe Gefühle.
Und du willst diese.
Ich will sie heute Nacht ausleben
deine Fantasien.
Heute stehen die Sterne gut
für wilde Träume.
Endlich
unendliche Ektasen
ohne nächsten Morgen

ohne Normen und Tabus
wollen wir uns dem Leben nähern. –
Jetzt ist es soweit.
Du bist schon ganz erregt.
Als ich dich aufs Bett werfe
sorge ich dafür
dass unser Verlangen wächst –
und noch wilder wird.
Und drehe dich dann sofort um …
so wie's dir gefällt.
Zum Glück
sind die Fenster geschlossen
und die Sterne –
haben es heute mit uns
wirklich gut gemeint.

Ein göttliches Geschenk

Geheimnisvolle Augen
intensiver Blick
berührt mein Innerstes
verführt
mich hin zu freien
und göttlichen Welten.
Freie Lüste
wilde Triebe.
Bewusste Entwicklungen?
Kann mir das helfen
ohne zu hinterfragen
meinem Tagewerk nachzugehen?
Ganz und gar zu wagen:
die angepriesenen Nächte zu sehen …

doch von Bedeutung
sind diese
unsichtbaren Tatsachen
nicht.
Sie schwinden
und entweichen in die weite Nacht hinaus.
Wo kommt sie her?
Was hat sie gelesen?
Was hat sie erfahren?
Ihre geheimnisvolle Aura
wirkt in mir
und glüht purpurn laut.

Ich folge ihrem Schleier
der mystisch mir daherkommt
ungewohnt.

In dieser Stadt
in der keine Hoffnung wohnt
belebt sie mich
mit ihrem Liebesthron.
Eine goldene Elfe
aus dem Götterreich
beschenkt mein Leben reich.

Mein Leben –
sind wir nicht
für solche Momente gemacht?
Und während der Mond scheint silbern sacht
lockt sie mich
ganz intensiv – und vertraut –
in ihr Liebesnest
wo wir:
uns von der Welt zurückziehen –
und uns ihr doch ganz öffnen –

verschwimmt das Universum
in dem wachsten Moment
voller Leidenschaft
und voller Rausch
hin zum wahren Leben.
Und bewussten Handlungen
des eigenen Seins.

Nachtgedanken

Mit ungeahnter Energie
unbändiger Intensität
in mir
lebhaft die Vergangenheit.
Hunderte Bilder
rasen so rasant
so schnell herbei.
Ganz gebannt
gefangen, ergeben

im strömenden Regen vergangener Gefühle
himmelsgleich und echt
und lebhaft wie sie waren.
Frei und persönlich wie ein Flügelschlag am Morgen.
Unendlich leicht waren diese wachen Momente
und so kostbar wie die Zeit selbst.

Kommt das Leichte wieder?
Ist es für immer verloren?
Magische Melodien
die uns begleitet haben
die jetzt weiterfliegen in eigene Räume?
In einer eigenen Zeit?

Hinter uns Äonen –
beängstigend wie faszinierend –
fliegen in diesen Tagen unbemerkt
in pianissimo an uns vorbei.
Wer waren wir?
Wer wollten wir sein?

Was hat sich in uns erfüllt?
Wünsche, Träume, Begierden deines echten Seins?

Begehst du die Welt mit Glück
bist du entzückt von dem Verlauf.
Doch rauf und runter geht es meist –
die Welt nimmt ihren Lauf.

Doch deine Träume
sind des Kampfes Wert.
Der Schmerz: ein ewiger Begleiter.
Schattenseiten der Liebe
die zur Hölle ziehen.
Das Herz:
ein einsamer Reiter
will wach werden
leben, überwiegen –
Nebel überstrahlen.

So handle klug und rein
im Gegenüber menschlich, fein.
Im Rausch der Sterne
und des Alls
und hinter uns Äonen.
Im weiten Universum
ein unbekanntes Wohnen?
Frage in die Nacht hinein:
was birgt die Zeit?
Und wer war ich –
wer wollte ich schon immer sein?

Kann ich meine Träume noch erfüllen
mit Glauben, Hoffnung –
endlosem Streben –

während geheime Planeten schweben
durch die leuchtende Unendlichkeit …

Oder ist all das Bedeutende –
versteckt in Einfachheit?

Nachtviole

Die Nachtviole
weckt Erinnerungen
mit segnenden Düften.
In hohen Lüften
lag das Leben
jugendlich –
und grenzenlos leicht.

Die Nachtwanderung zum Strand.
Wir, gebannt
von Hoffnung und Begierde gelenkt.
Vorfreude, ein kostbarer Moment
beflügelte unsere Fantasie.

Eine leise Nachtmelodie
trieb uns in die warme Nacht hinein.
Ein Wunsch – ein Traum:
gemeinsame funkelnde Harmonie.
Sehnsüchtige Blicke schweifen …

Kann es bloß im weiten Kosmos sein?
Kann es für uns reichen?

So schwebten die Fragen umher
während wir noch nicht wussten –
dass wir schon längst da waren.

Im eigenen Rhythmus

Im schimmernden Schein
sehen wir die Erde
dann fasziniert sie.
Im göttlichen Rhythmus
sehen wir hinauf.
Kosmische Nachbarn
haben unseren Weg bestimmt.
Sie bestimmen die Gezeiten
wir nehmen sie wahr –
unsere Natur, wahrhaftig
im funkelnden Komplex des Ganzen
in dem wir Gast sind
und Hauptprotagonist, wenn wir wollen:
Wir wachsen, in dem wir lieben.
Die Natur glüht
natürliche Strahlen –
und dieses Gleichgewicht
hat enorme Bedeutung.
Wir haben ein ökologisches Gewissen?
Wir haben auch die Realität
und die eigene Endlichkeit
die uns zu Egoisten macht.
Wir nehmen alles mit
und am liebsten im Rausch.
Keine tiefen Gedanken –
wir wollen uns vergnügen
unendlich und immer wieder.
Heute Whiskey
morgen Soma.
Alles ist locker –
alles ist Spaß.

Für uns im Westen
bleibt nur Verdrängung …
wir wollen die Welt
und die Wirklichkeit nicht sehen.
Doch das Magische
in einfachen Dingen
das hat Tiefe und Bedeutung
und Schönheit!
Ich kehre zur einfachen Natur zurück.
Durch blasse, bewusste Nebel im Außen
hin zu eigenen Harmonien im Selbst
die ich in mir wirken lasse
und – mit bedeutender Freiheit –
persönlich nach außen trage.

Meeresrauschen

Das Meeresrauschen
weckt Fantasien
weckt dich auf
und zieht dich an.
In der Ferne
funkeln Welten –
geheime Weiten
ganz im Bann
und frei –
jetzt dein waches Sein.
Das Leben
könnte so viel reicher sein.
Wer bestimmt unser Glück?
Wer baut unsere Träume?
Ihre Augen
so wie meine
voller Sehnsucht auch!
Ein intensiver
wilder
magischer Hauch.
Wir beide sind berührt.
Verführt uns der Kosmos? …
Wer wagt es
sich zu offenbaren
als suchendes Wesen?

Das Salz in der Luft
der vertraute
warme Meeresduft
lockt zu kostbaren
wichtigen Nächten!

Heißer Rausch
gemeinsam berauscht
Begegnungen
barfuß im Sand.
Elegant bewegt sie sich
faszinierend im Mondscheinlicht.
Das Meer lebt
belebt die stillen Beobachter
verwandelt sie
zu aktiven Protagonisten
ihrer eigenen Geschichte –
wir nähern uns
geheimen Sphären.
Ihre Augen
ihre Haut.
Alte Träume
neue Glut.
Wellen der Leidenschaft
verdrängen das Denken
gekonnt ins Unwichtige.
Bedeutend ist allein
dass wir –
als Menschen –
leben.

Das grüne Licht

Nächtlicher
stiller Blick
in unbekannte Ferne.
Große Fragen –
große Zweifel –
frequentierende Hoffnungen
im Außen?
Im Innen wirkungsvoll?
Geheimnisvolle Sterne
zeichnen leise Wege.
Sind sie für uns bestimmt?
Genieße – lebe
nach Gefühl?
Wann dürfen wir beginnen?

Wo gehen wir hin?
Wo kommen wir her?
Reichtumsstreben
doch innerlich leer.
In Saus und Braus
die Feten –
dann Stille –
Einsamkeit –
hilft dir wer?
Sich wiederzufinden
als Mensch?
Hier bloß Empfehlungen
aus eitler Reichtumsblase
erkenntnisleer
mit innerlicher Stase.

Wer ist heute fasziniert? –
Wer hat noch seinen Traum forciert?

Wo wollen wir hin?
Wer wollen wir sein?
Und wer bist du
mit deinem Sein?
Bloß ein kleiner Punkt
der funkelt, leuchtet
am Kreuzpunkt der Unendlichkeit. –
Vermiss die schwebende Einfachheit
und sehne mich nach Wärme
Wiederkehr, so gern!

Doch stehe auf dem Steg, allein.
Das grüne Licht ist fern.

Ein Held

Leise rauschen Träume – noch unbekannte Sphären.
Die Ferne ungewiss – dennoch von Träumen nähren?
Sterne schweben allein – umrauschen unsere Welt.
Dein Verlangen geheim – dein Hoffen, dein Begehren
ungetrübte Augen – im Leben zu bewähren?
Mit Zweifeln geh hinaus – wenn du dich dann noch traust
ragen neue Kräfte golden schimmernd, empor.
Leise rauschen Träume …
der wahre Künstler tritt aus dem Nebelpfad hervor.

Schlafende Kunst

Der Blick gesenkt.
Willkommen in der Alltagswelt.
Jeder Tag gleich
gleicht dem Vorherigen.
Die Zeit fliegt ins Unbekannte.
Wir entfernen uns von uns selbst
und verabschieden uns von Passionen
weil wir jetzt erwachsen – und seriös sind?

Der persönlich-lebendige Raum
wird kleiner und kleiner
verstummt, verblasst
Verlorensein im Wirtschaftsnebel –
im Kontrast, das Sehnen nach menschlicher Tiefe –
ein natürlicher Lauf?

Das Hinausbeben voller Leben
und jugendlicher, leichter Zuversicht
wandelt sich
zu langen, nachdenklichen Spaziergängen
allein – undurchsichtiges, unklares Streben.
Welche Erkenntnis kann mir jene Stille geben?
Wage ich hinauf, emporgehoben durch Worte
die einst unaussprechbar waren?

Dunkelheit
in Zeiten
geminderter Aufregung.
Herzensregung:
starkes Sehnen
weckt auf.

Botschaften
wieder und wieder
aus der Mitte –
sie dürfen Bedeutung haben!
Intensiver Blick
leise Frequenzen
in Gesellschaftspfaden –
eine Berührung?

Verschwinden
und sich lösen
vom Druck der Welt.
Verbinden
vom Leiden erlösen
gemeinsam
der weltalte Traum
bewusst und da –
und nah bei Reflexion –
wenn man sich's erlauben kann
oder wenn man sich traut.

Herzenstöne, all jene Melodien
unverfälscht und laut
individuell und wunderbar.
Sich selbst finden, dann einander
spontane Gedanken während des Schreibens …
wird Liebe triumphieren?

Hinfort mit dunklen Krallen!
Sie zerren an den Kräften
ziehen mich hinab ins Höllental.
Schenkt das Leben mir noch eine Wahl?

Tausend alte Bilder
die ich sehe
ganzer Freude, Glück mein Sein.
Der unendliche Wert
von durchdringbarer Liebe seit Kindesbeinen –
wirkt in mir erneut?
Schenkt mir Hoffnung, Wärme
in ach, so tristen Tagen –
die glanzlos sind –
die untergehen –
im eindimensionalen
wirtschaftlichen Wagen.

Ich brauche längst nicht alles
und nicht viel.
Deine Gedanken
und meine gleich
so ragt mein Geist empor
befreiend
hin zu künstlerischen Sphären.
Durch deine magischen Verheißungen
darf sich meine Kunst ganz nähren …

mit Faszinationen
sie bleiben mit dir –
in mir –
und hoffentlich so leicht und ewig reich.
So kann ich noch wirken
doch die Kunst – ihr weiter Weg –

überdauert jedes Königreich.

Nachtblick

Hoffnungsreich entsende ich meine Träume in die
Nacht –
das ist der leichteste Part.
Laute Schritte werden leiser, wandeln sich
zu zarteren, zerbrechlicheren Melodien
das wird bewusst.

Sehnsuchtsreich lausche ich dem Rauschen der Nacht.
Ferne Klänge von leichten, energievollen Welten
erheben sich geheimnisvoll aus der Stille
frequentieren das Nachtgewand elegant
wie Oktavenläufe von Chopin
an einem warmen, regnerischen Abend …

Es reicht um sehnsuchtsvoll –
das heißt, ein Mensch zu sein.
Fliegen jene Sterne wieder zu mir?
Leben in mir auf – irgendwann so schicksalhaft?
Oder romantisiere ich meine Zukunftsklänge
schimmernd?
Was jage ich nach?

Wenn die Welt dich vergisst
kannst du immer noch schreiben.
Wenn dein Tag leise verstummt
kannst du immer noch vom Lauten träumen.
Träumen von Leben.
Weißt du, was das heißt?

Hoffnungsreich entsende ich meine Träume in die
Nacht.

Ich bin nicht der Einzige –
das ist der einzige Grund, warum es so viel Sinn
macht.

Von Blick zu Klang

(für die Dichterin Annalisa Hartmann)

Von Blick zu Klang
von Haut zu laut.
Erspürtes, erfahrenes
nach Außen hinausfühlen
wenn wir wollen.
Sicherheit durch Herzensbeben
und Vertrauen –
selbst ruhen – selbst sein –
Herz: atme, schwebe
führe meine Wege
eine wache Entscheidung
ein neues Leben.
Neue Schübe, wild und frei
nach Leid und Schmerz?
Aushalten, dann emporsteigen?
Berührungen
lichtgeleitete Pfade
durchdringen ins Innen –
Treffen aufs Außen
ohne Aufeinandertreffen
bis du da bist.

Worte II

Worte wärmen dich
wenn sie nah sind.
Sie regen und beleben
vergessene Abenteuer
im Herzen –
erreichen dein Innerstes
ist im Außen oft verborgen.
Verlorene Chancen
verpasste Wellen?
Oder hast du dich nicht angepasst?
Wärme durchflutet
neue Räume
erwachen aus der Starre –
lichtfunkelnde Berührungen –
die einst unerreichbaren –
die verborgenen –
die im Funktionsgeschehen untergehen –
die das Aufwachen zur wachen Frage verwandeln.

Ein Mensch zu sein
heute Nacht
Leben erleben.
Einige Worte unsagbar
doch greifen tief
und wirken wärmevoll
so leicht als wären sie aus Himmeln geboren.
Wer spricht sie aus?
Worte, die dich wärmen
wenn sie nah sind.
Aber nah sind sie nur wegen dir.
Du bist die Quelle und das Elixier

für die wachen und warmen
und aufregenden und melodischen Momente
die das Emporfühlen möglich macht.
Der Grund, warum ich das hier schreibe:
Ich habe jene Klänge selbst gespürt.

Ursprungsklang

Wir sind unsicher.
Wir spüren unsere eigene Endlichkeit noch nicht –
sind vorsichtig, bedacht, leise –
Entfachung, Entflammung
Traum von Lebensverbindung
Gemeinsamkeit –
Frequenzen von Lichtmomenten
in Gedanken –
mutig für eine Sekunde
verfliegt, verblasst
im Anpassen
in der Gesellschaft sein.
Persönliche Räume
Bedeutung von ausgesandter Erkenntnis und Wärme
ewiger Drang
bündelt verborgene Energien wieder und wieder –
verbindet uns als Herzenssieger
dem Ursprungstraum von Leben nach.

Der weltalte Traum

Ich schreibe nicht für Preise.
Für jene die leise
durch die Welt wandeln, bedacht
offen für Worte und Kunst.
Und wenn es wirkt:
Der Nachklang der Worte
erfüllt meinen Wunsch.
Der Einzelne
fühlt verbunden

Gesamtheit, ein Komplex aus Sternen
neue Hoffnungen in Lichtform
in leuchtenden Augen
beleben die Bewegungen
spüren von Menschlichkeit.
Neue, alte Leichtigkeit –

nah wie ein Ton in der Stille –
vermisstes, vergessenes Vertrauen
im Funktionsrhythmus
kein Raum für persönliche Melodien
die uns voranbringen –
unsere Träume.

Die Faszination für unsere Erde.
Unsere Möglichkeit, zu leben
als individuelle Geschöpfe
persönlich und gemeinsam
schöpfen wir
leicht und sacht
die neue Kraft:

Das bleibende Mysterium
die Liebe wirkt
entfaltet sich über
Normen
Regeln
Traditionen
und kosmische Grenzen hinaus –
mit größter Intensität.

Ein wiederkehrender Traum!
Doch wenn sie wieder
und wieder
und wieder erwacht –
machen wir –
die Bewohner einer blauen Heimat –
immer noch irgendetwas richtig.

Nachtfunkeln

Nachtlicht, tanzen, neues Leben.
Fließend funkelnd schweben.
Unterm pulsierenden Gewand –
das leise, bedeutende Beben.
Lauschen – wach dem Zwischenton der Offenbarung –
aufströmende, erhebende Gefühle
und Mut der Unbefangenheit.
Ungebändigt das Gespür jener Suche
nach Regungslichtungen, Freiheit im Geist und wache Blicke
das Los der Jugend – ein Phänomen von Leichtigkeit –
ein Sternenkonstrukt der Einzigartigkeit.

Fackellicht und Hoffnung und Verheißung auf Leben.
Wann ging es los, das Abenteuer?
Wann beginnt es wieder?
Gute alte Lieder machen das Rauschen der Zeit
bewusst.
Ach, ich Narr, hätt' ich all das doch früher gewusst.
Wann kann ich frei wieder wagen, erleben und
spüren?
Wie so oft bleibt heute das Hohe rar – Berührung
und Sinn.
Wir aber müssen dem Weltlichen mit Liebe begegnen
bevor unser Schicksal in den Sternen endet, wo es
begann.

Im Fluss

Fließende Ströme von Wärme:
Worte beleben, beflügeln
ein Wachwerden kommt näher
wie fantasievolle Welten
innerhalb magischer Sicherheit
die dich einnimmt –
wenn Berührung wirkt –
wenn Liebe belebt –
dich zu dir selbst führt
wie ferne, vertraute Melodien
die lauter werden, intensiv.
Lebendiges Harmonievertrauen
Elixier fürs Schreiben.
Unsichtbare Worte
wandeln sich zu Versen
zu Nachtklängen in Nachtsphären
hoffnungsreich, fiebernd entsandt.
Interaktion: das funkelnde Universum über uns –
jemand auf dieser Erde?

Schwebende Nacht

Schwebt das Schicksal über allen Dingen –
unsichtbar triumphierend?
Oder ist die eigene Seele frei und unberührt –
von Gottes Plänen?
Ein eigenes Universum, verborgen
im energetischen Inneren?
Jene Freiheit kann uns den Weg weisen
wenn man die bedeutenden Tiefen des eigenen Seins
zulässt.
Wir, die suchenden Leisen werden wach durch eine
Berührung:
Wer berührt? Wer noch aufnahmefähig?
Die Welt fließt schnell, wir, dem Äonenstrom ergeben
wollen jetzt Bedeutendes erleben.
Können wir das Wesentliche forcieren?
Einen Liebestrank probieren
der uns unserem Ich bewusst macht.
In dieser ruhigen, klaren, sanften Nacht
Denke ich über all jene Wege nach
die es wert sind, ergründet zu werden.
Können wir uns dieser überhaupt verwehren?

Das Unbewusste

Das Unbewusste
wirkt laut in dir.
In allen Nächten
kannst du es spüren:
Dunkelheit und Einsamkeit –
Verlangen und Begierde –
reine Leidenschaften
leise im Verborgenen
können der Wendepunkt sein.
Finde heraus, wer du wirklich bist –
fühle, was dich wirklich bewegt –
das Unbewusste:
Eine Tragödie –
hättest du es nie erlebt.

Allein

Wir fragen uns oft:
Wann beginnt unser Leben?
Während wir streben
graue Nächte hindurch
und Nächte –
fliegen an uns
mit Orbitalgeschwindigkeit
im Rausch
vorbei.

Während wir: nur warten?
Auf einen magischen Beginn?
Sagenhaftes Starten:
Hoffnung? Illusion?
Tiefe Melodien am Abend
ein Wendepunktschimmer in Gedanken?
Die ewige Suche
nach Bedeutung und nach Sinn
treibt uns hinaus.

Immer wieder
ins Weite
Dunkle, Geheime hinein.
Wir allein
mit unseren Fragen …
Und ganz allein
müssen wir wagen.
Spüren wir noch Licht?
In der Ferne, das Leben.

Wie der Wind

Rein allein wie der Wind
sage ich – dass ich Suchender bin.
Ein nachdenklicher Wanderer
mit unabhängiger Melodie
zwischen den Pfaden –
den persönlichen Raum muss man ergreifen.
Helle, reflektierende Sehnsuchtsschweifen
im Nachtblau –
ich teile meine Sehnsucht
mit dem faszinierenden Unbekannten
und zehre vom echten Analogen.
Ein Austausch mit funkelnden Augen
führt mich zu mir.
Vergessene Träume verlangen
nach einem sich Wiederfinden in der Realität.
Geduld, die altbekannte Tugend.
Während ich auf meine Zeit warte –
von reizenden Damen abgelenkt –
im Nachtlicht schimmert heiße Hoffnung –
wandeln durch die Straßen –
Flashbacks voller Nostalgie –
Gedanken voller Verse –
zeitloses Begehren –
versuchter Einklang mit dem eigenen Streben
doch der Sog der Magie, der Liebe, lässt nicht los.
Ein sich Treibenlassen kommt in den Sinn.
Was machen wir mit unserem Leben jetzt?

Poet gegen den Strom

Sie sehen sie
nüchtern
mit traumlosen Augen
ziehen sich zurück
entsagen dieser Welt.
Sicherheit?
Wir sagen:
Das ist ein Meisterwerk.
Er ein mutiger Held
Poet gegen den Strom!
Lebenswege
ungewohnt …
Mit einem Füller in der Hand –
ein Visionär gebannt –
opfert seine Zeit
für unbekannte, undeutliche
nebelige Ziele.

Doch mit Blick zu warmen Sphären
scheint das Streben
begründet zu sein.
Irgendwann
ein Wandeln zum Schweben?
Worte frei entfacht
persönlicher Klang.
So zieht man sich zurück.
Träume werden wahr?
Das eigene Schicksal
den Sternenstraßen entlang
die Pforte zum Licht nah
der Wendepunkt –

der Beginn …
ein verführerischer Schein?
Die Nacht bald fort?

Glänzend ist die Verheißung
sie schimmert in goldenen Strahlen
und heiße Regung Segnung –
unendlich weiter Flügelschlag.
Und ewig
wie man's wirklich mag.
Doch geht es auf?
Und was erzählen sie überhaupt?
Unscheinbare Kreative –
von dunkler rauer Wirklichkeit?
Von hellen schönen Narrativen?
Um zu versinken?
Um zu verschmelzen?

Eine liebevolle
wertvolle Welt
in literarischen
künstlerischen Zeilen?
Wir warten –
und verweilen
und freuen uns dann:
wegen besonderer
magischer Momente –

solange bis der nächste Tag
mit wiederkehrenden Pflichten anbricht
und wir –
mit fragenden – oder glücklichen Gesichtern
zurückblicken.

Der Weg

Hohe Liebe forciert.
Lyrisch etabliert?
Diverse Stile probiert.
Doch das Eigene und Unverfälschte
das ursprüngliche Leichte
ist der vorgegebene Weg
der aus der Vergangenheit
die Gegenwart durchdringt –
wie ein geheimnisvoll-lebendiges Licht
aus der Andromedagalaxie
findet man sich plötzlich
in einem höheren Gleichgewicht wieder.
Wenn die Zeit wieder stillsteht
wie es einst in deiner Jugend war –
ergreift man den Sinn
der in bewusster Suche rar –
der meist in vollkommener Stille erscheint.
Dann will man raus gehen
sich selbst wieder sehen – und erleben.
In Bewegung erkennen wir uns
laufen weiter …
irgendwann
unserem wahren Leben entgegen.

Zuhause

Wir sind suchende Wesen.
Im Austausch
mit der inneren –
dann im Konflikt
mit der äußeren Welt.
Wann leben wir
frei und beseelt
und harmonisch
bloß im Zwischenraum?

Bloß in einer Zwischenetappe unserer Reise
in einem Moment ohne Nebel –
in einer Verbindung, ohne zu spekulieren –
wenn das, was uns einnehmen soll, schon da ist
aber aufflammend erwacht –
ein Lichtschimmer in kosmischen Weiten
jetzt in uns?

Wir sind manchmal mehr
manchmal weniger geheime
Liebesuntertanen
von jener reinen
magischen Kraft
manchmal sacht
und auch mal tosend
doch immerzu verführt.
Dein Innerstes
dein wahres Selbst
tiefwirkend
und natürlich stark berührt.

Wir sind suchende Wesen
und suchen nach Vertrauen.
Wir reisen weit hinaus
leben uns auch aus
doch kehren heim allein.
Die Sehnsucht nicht gestillt
erfüllt ist nicht dein Sein.

Auf endlosen Reisen
und endlosen Wegen
parallel zu unserem Streben
das sich schnell verläuft
in der Vielfältigkeit
unseres gesamten Lebens –
wenn man die Gleichzeitigkeit aller Dinge versteht –
und begreift –
und die Stille zulässt …

bleiben wir
suchende Wesen.
Und suchen nach einem Zuhause.

Ein leises Treiben

In liebevolle, funkelnde Augen sehen
einander und das Leben spüren.
Ein Sommerbeben ohne Zeit –
ein Durchdringen
der geheimen Melodien
der überweltlichen Unendlichkeit.
Eine göttliche Verbindung –
ein warmer Windzug voller Klang und Leben
lichte Räume fühlen, finden, schweben
der weltalte Traum
legt sich nun
über alle hoffenden Wandler der Nacht.
Während aus der Ferne –
still und schimmernd –
Sterne leuchten leicht, ganz sacht.
Und der Mond – heimlich lacht …
über ein leises Treiben
auf einer blauen Kugel.

Rauschen

Ein geheimes Rauschen in der Nacht, verheißungsvoll.
Schimmernde silberne Strahlen
frequentieren leise neue Wege
wie aus einer anderen Welt
so kommen mir diese Bilder vor.
Impulse erwachen entgegen regungsloser Routine:
Neu aus sich herauskommen, Leben wagen …
Gedanken über vergessene Selbstentfaltung –
sein im Außen oft unsichtbares Potential erkennen
im rauschhaften Geschehen der schwebenden Erde –

tiefe Träume – Sternenräume –
in greifbarer Nähe?
Für was stehst du auf:
Gesellschaftliche Pflichten?
Deine intrinsische Motivation?
Noch einmal kämpfen und wagen
doch kein Wirtschaftswachstum
schenkt uns reine Liebessagen.
Für was stehst du auf?

Solange wir Menschen sein dürfen
macht alles Sinn – dann ist alles leicht
im Kreis der energetischen Zweisamkeit
des Gott gewollten Zueinanderfindens
und Zusammenseins in natürlicher Harmonie
mit dem Weltlichen –
und dem Überweltlichen –
das mir in diesem stillen, klaren Rauschen der Nacht
entgegenschwebt …

doch wenn wir für subjektiv geprägte Erwartungen
anderer leben
stellen wir begründet unser Dasein in Frage.
Das Einzige, was mir in dieser verführerischen
Vollmondnacht bewusst wird:
Entfalte dein *Selbst* – und wage!

Kosmische Melodie

Ein fernes Rauschen, verborgen.
In kosmischen Weiten pulsieren bedeutende
Geheimnisse
die sehnsuchtsvoll warten – wie wir
auf eine Berührung nach einem einsamen Arbeitstag.
Schillernde Sterne reisen – wir, die suchenden Leisen
blicken hinaus – um das Ganze zu verstehen?
Hinter dunkler Materie verschwindet das Licht
verblasst –
ein kleiner Funken war noch zu sehen.
Unendlich unsere Wünsche, begrenzt die Realität.
Liebesspähren gleichen den Interstellaren –
alles hat seinen Raum und seine Zeit –
das Ewige jedoch für kein Lebewesen bestimmt –
schweben geschwind, losgelöst, frei, solange es noch
geht –
solange unser Leben – als Reise – besteht –
suchen wir und streben wir – und verirren uns –
bloß um uns wiederzufinden in einem wachen
Moment
voller Sinn und Lebensfrische
schöpfen wir sanfte Sicherheit und neuen klaren Mut.
Ein Neubeginn – hinter uns der Nebelpfad –
vor uns das neue grüne Licht – das menschlicher
Nähe entspringt?
Wir wollen wieder alles erleben!
Das wahre wache Leben spüren.
In tiefer Nacht, ein reisender Stern – ein
Zweiklangraum …
Kosmisches Rauschen, kosmische Weiten.
Natürlich sind unsere Wünsche, unsere Träume

unsere Fantasie.
Eine leise Nachtmelodie verführt uns mit lauter
Wirkung –
und all das ist begründet.

Undurchsichtige Quest

Wie eine undurchsichtige Quest
kommt mir das Geschehen vor.
Vor und zurück
meine Gedanken
meine Erkenntnisse leiser
parallel
zu unterschiedlichen Bildern
die ich täglich
mit unklaren Augen, sehe.

In der digitalen Welt:
Da ist Zauber.
Da ist Glanz.
Da ist Bewegung –
geschliffene Erfahrung.
Da sind eintausend neue Ideen.
Göttliche Regung
scheinbar leicht
in jeder Aktion.
Das große, zweifelnde Sehnen
wie auch das Kämpfen
das Hoffen, fehlt.
Das Zusammenhalten
ist nicht mehr nötig
in diesen Sphären
in dieser kopfgesenkten Welt
wo alles ohne echte Hingabe
schon gut genug ist –
und für sich allein besteht.

Die Suche
nach nachtblauer Tiefe
treibt mich hinaus
in große, wilde Städte
wo ich hoffe, bete
für sehnsuchtsvolle Blicke
und Mut –
und Verletzlichkeit –
einen Menschen zu sehen.
Ein Austausch des Inneren
mit dem Außen?
Im Außen wegen des zurückgehaltenen Inneren
gefangen und verloren …

Wo ist das Funkeln
meiner Augen
die auf Bildschirme sahen
hier im Draußen?
Wo Menschen
im anerkannt-seriösen Terminrausch
aneinander vorbeilaufen.
Die Gefühle
die ich brauche …
und die Erkenntnisse
an denen ich wachsen kann
die wertvoll sind –
und Bedeutung haben!

In diesen regungslosen Tagen
fühle ich nicht das Wahre.
Ich fühle mich als Ware.
Wir, nur auf uns selbst bezogen
versetzten uns nicht mehr
in unser Gegenüber –

versuchen nicht mal empathisch zu sein –
denken nicht mal mehr nach.
Wir zerstreuen uns nur
und nehmen und konsumieren
und sind glücklich im Nebelschlaf …
während die wahren Träume
vielleicht in einem anderen Leben
in einem anderen Wesen erwachen –
bleiben wir Menschen?

Und ich
der noch leise auf das Leben hoffe
sehe tausende von Bildern
Paradoxe und Widersprüche
die ich mit nicht greifbarer Wucht erfahre.
Frage:
Was ist die Wirklichkeit jetzt?
Welche Welt ist echt?
Bloß meine eigene.
Das heißt: Ich lebe nur für mich?
Und wäre das gerecht?
Mein Suchen
mein Fragen
mein Sehnen
in die Nacht hinein.

Nachtwandler

Draußen pulsiert es schon
ungebändigt und ganz wild
im Rausch der Nacht.
Sie lädt uns ein.
Vibriert, elektrisiert
das ganze Sein
mit wilden Träumen
Fantasie.
Eine Königin ist sie.

Sie zieht uns feurig an
magisch in ihren Bann
lenkt dich – fühl' voran.
Die Straßen voller Leute
heute leben sie auf
ganz zügellos und frei
zu derben Klängen.
Wir verschwimmen im Moment.
Im Rausch der Nacht
von höheren Lüsten gelenkt
tauchen wir ab
spüren wir längst vergessenes Beben –
den pulsierenden Pulsschlag von Leben.

Ekstatisch in der wilden Menge.
Kein Gesellschaftsdruck.
Keine Regeln – keine Zwänge.
Zweifel fern wie ferne Sterne
leben wir uns kosmisch frei aus.
Wir: ganz jung
mit heißen Träumen

hin zu Begegnungen der Nacht.
Ihr warmer Körper liebt es feurig –
spielerisch, doch nicht zu sacht.
Wir spüren uns hoch hinaus.
Wir: kosmische Kinder –
und der Mond, der leise wacht –
über uns.

Er treibt uns an
und treibt uns fort.
Wir sehen gebannt:
Ein verborgener Ort.
Er leuchtet silbern
hell sind seine feinen, weisen Strahlen.
Wir entfernen uns jetzt
vom wilden Geschehen
klettern hinaus
den Hügel hinauf.
Wir fünf wollen sein Geheimnis erfahren.

Alles ruht.
Alles fließt.
In natürlicher Harmonie
mit unserer eigenen Melodie
begegnen wir nun der Welt.
Als auf einmal das helle, silberne Vollmondlicht
auf eine kleine Quelle fällt.
Magisches Quellwasser?
Wir versammeln uns darum erstaunt
nehmen jeder einen großen Schluck
fühlen uns so frisch wie nie zuvor!
Unsere Natur
doch der Weg zum goldenen Himmelstor.

In dieser angenehmen Ruhe –
und bei sanften Windzügen
die die Freiheit ankündigen
schauen wir in den nahen Nachthimmel
berührt und fokussiert.
Er funkelt in allen Farben
bewegt sich schnell und mysteriös ...
Wir sind fasziniert.

Wegweisende Sterne
die uns umgeben –
die unser Bewusstsein erweitern
und uns von geheimen Welten träumen lassen.
Sie fliegen rasch umher
und leuchten
und umkreisen den Mond.
Und er –
hat er uns anvisiert?
In perfekter Nähe zur Erde
zeigt er sich gewohnt.

So erkunden wir unsere Umgebung weiter
im rasanten Tempo nehmen wir neue Bilder wahr.
Wir sehen Menschen, die innerlich streben
und Menschen, die intensiv miteinander reden –
mit großem Drang nach Leben ...
Und abseits der wilden Meute
Wandler und Suchende, die allein gehen –
die in scharfen Gedanken
ihre Zukunft sehen?
Warten auf die neue Magie
die Hoffnung der Begegnung? –
Befreiung mit überweltlicher Segnung.

Ferner in der Szenerie
eine Seele mit Stift und Papier.
Wir erkennen sie eingehüllt in Licht
strahlt sie so viel aus
wie erregende Sphären voller schimmernder Sterne.
Sie schreibt –
ganz versunken –
ganz für sich allein.
Vielleicht ein Gedicht?
Niemanden interessiert's.
Im Rausch der Nacht
übernimmt Begierde –
und menschliches Verlangen dein Sein –
und keiner ist mehr liiert …

So geht es weiter, laut.
Und die Flaschen, sie kreisen
all die tiefen Sehnsüchte
die noch sanften Leisen
wollen endlich raus!
Hier, in dieser grenzenlosen Stadt –
in der scheinbar jeder klare Augen hat –
nehmen wir
mit viel plaisir
alle Energien leicht auf
und fliegen nach Gefühl
und leben leicht
für den Moment.

Solange
bis ein intensiver
unheimlicher Ruf
die ganze Nacht
erweckt –

erschreckt –
erstarrt –
mit Ungläubigkeit
sehen wir es an.
Aus sicherer Distanz?
Ganz und gar gebannt.
Und völlig still –
mit Todesangst.

Wie ist das möglich
was vor uns geschieht?
Ein Werwolf erhebt sich
aus dem funkelnden Gewand
aus dem Leuchten empor.
Beobachtet scharf die Scharen
gefährlich, unruhig
lauschen wir dem Mondklang
bebend-impulsiv wie nie zuvor.

Mit aufgerissenen Augen
nehmen wir die gespenstigen Bilder wahr
und versuchen uns zu besinnen
tarnen uns so gut wir können.
Der Bass bebt bis in die Unendlichkeit
und alle dort unten
tanzen frei und feiern
bewegen sich wild und laut
und ungehemmt umher.

In dieser Nacht
die scheinbar keine Grenzen kennt
ein wildes, losgelöstes Treiben
in der Leidenschaft sie lenkt
während der Tod –

mit scharfen, dunklen Krallen lauert
und sich jetzt –
wir sehen es in seinem Blick –
auf die Menge stürzen will.
Uns erreicht das blanke Schauern!

Gerade als ich um Hilfe rufen will
geschieht es:
Der Schrecken zieht mit kaltem Schauer
gewaltig durch meinen Körper
und versetzt mich in Stase
die mich an den Boden fesselt
als wäre ich mit Stahl angekettet!
Und dann – beginnt es.
Wir können unserem dunklen Schicksal nicht mehr
entfliehen.
Hilflos unser Herzschlag.
Verloren unsere Schreie –
unsere Hoffnung – im Licht verblasst.

Unsere Zähne formen sich
zu einem schrecklichen Raubtiergebiss
das schimmert im Vollmondschein.
Unsere Gesichter wölben
und wandeln sich zu einer riesigen Wolfsschnauze
die das Blut in den Adern gefrieren lässt!
Unsere Hände –
unsere Hände werden zu tödlichen Krallen –
während verzweifelnde Schreie durch die Nacht
hallen
sind wir selbst die Mitspieler
einer alten Mythologie
aus einer längst vergessenen Zeit –
die jetzt in uns weilt?

Und all das –
geschieht viel zu schnell!
Zu rasant!
Es reißt mich entzwei!
Übernimmt mich.
Übernimmt uns.

Die Strahlen
durchbohren unsere Körper
und wir verwandeln uns.
Wir sind nun Wandler in der Nacht.
Ich blicke nach oben
in das silberne Licht.
Was es aus uns macht:
Wir sind die Gefahr.
Wir fünf – Werwölfe –
im Blutrausch.
Im Rausch der Nacht –
die nun verschwimmt.

Das goldene Schwert des Ra

Der größte Dieb
den diese Welt je sah
auferlegt zu großen Taten.
Das zweihändige
goldene Schwert des Ra.
Wie lange bloß –
auf jene Winde warten?

Ich bin lange schon bereit zu starten.
Ausgebildet von großen Meistern
in legendären Gilden –
nicht nur in der Diebeskunst –
ein Experte bin ich wahrlich –
mit Bögen, Schwertern, Schilden.

Und meine Kammern
sie sind voll von Verzauberung
doch strebe ich nicht nach Macht.
Ich sehne mich nach Abenteuern –
geheime Welten –
mystische Ruinen –
eine lichtvolle Verheißung von wachem Leben
das vergessenes Feuer entfacht.

Doch draußen
in der Welt
beherrscht uns scheinbar
nur eine Begierde –
ein Verlangen –
das jeglichen Frieden zerstört.
Goldbarren schimmern

erhellen jede Dunkelheit
und jeden, ach so dunklen Raum.
Diamanten, golden funkeln
im göttlichen Licht der Sonne
lassen jeden –
aufstrebenden König staunen.

Doch dies ist die Möglichkeit.
Das steht über allem!
Das goldene Schwert des Ra.
Zauber und Magie und Kraft
und neue freie Strömungen…
und innere Klarheit, um zu gestalten.
Heute Nacht in meinen Händen. –
Ich werde die Tyrannenherrschaft
ein für alle Mal beenden!

Inmitten der dunkelsten Nacht
nähert sich das Schiff geheimnisvoll
aus der nebeligen Ferne.
Sein erhebender Schatz
von mächtiger Magie bewacht
wie die Erde ihre Sterne.
Und in dieser Nacht
die so auserkoren scheint
läuft es endlich ein –
in den kaiserlichen Hafen.

Das tückische Felsenriff
das müssen sie passieren –
hier muss ich es probieren.
Von dort springe ich aufs Schiff
bin hinter Klippen getarnt.
Bin schnell und versiert –

furchtlos und frei –
vor mir wurde niemand vorgewarnt.

Wie schaurige Schatten tauche ich auf!
Meine größte Mission –
meine Sehnsucht –
ich lass ihr endlich freien Lauf.
Ich strebe für das Gute
mit höchster Relevanz.
Mit oder ohne Glanz.
Ihr Erfolg – ist mein Eid.

Jetzt ist es soweit!
Wenn sie das Drachentor passieren
richte ich mich auf –
visiere sie an –
habe sie im tödlichen Blick
meine Pfeile den Schicksalswinden voraus.
Geht mein Plan auf?

Es kommt!
Meine Augen sind klar
das Beben ist nah
impulsiv, doch konzentriert
spüre ich das Flüstern der Nacht.
In der Dunkelheit –
vor dem Beben –
vor dem lauten Herzschlag –
sehe ich die Flaggen näherkommen.
Näher und näher zu mir
mein geschliffenes Erheben
gegen die Ungerechtigkeit –
gegen den Dunkelsturm, mein Wendepunktlicht
schaue ich der einsamen

Boshaftigkeit mitten ins Gesicht.
Jetzt! Ich muss. Ich bin erwählt.
Ich spanne den Bogen
mit dem ersten, vergifteten Pfeil.
Die Wachen auf dem Deck –
bewaffnet mit Säbel, mit Hammer, mit Beil.

Zwei Schüsse
in rascher Folge.
Und meine Pfeile
fliegen pfeilschnell durch die Nacht.
Jetzt passierts. Jetzt pulsierts.
Sie sehen die schimmernden Spitzen nicht kommen!
Ich bin ein Schütze der Diebesgilde.
Ich treffe den ersten
mitten ins Herz –
dann schnell die zweite tödliche Feder.
Treffer! Schmerz!

Ein paar Meter noch
bis die Entfernung passt
und die Berechnungen
ebenfalls stimmen.
Mit wachem Mut
springe ich aufs Heck
schaue mich leise um
und erschrecke zu Tode!
Die beiden Leichen –
sie sind weg!

Was geht hier vor?
Niemand überlebt meinen Pfeil.
Es sei denn –könnte es wahrhaftig sein?
Zu spät!

Ich fliege durch die Lüfte
mit gewaltigem Schub.
Gewaltig schlage ich
auf das harte Schiffsdeck ein.
Ein vergessener, uralter Schrei
der mich überraschend traf!
Ich stehe auf –
da stehen sie da!

Sofort
kesseln sie mich bedrohend ein.
Zwei Vampirmagier –
die auf den Trank der Begierde warten …
Ich ziehe den Silbersturm hervor.
Fühle neue Kraft, wie Thor.
Greife sie an, rage empor
und schlitze mit einem Hieb
beide Vampire auf –
bis sie sich auflösen
und verschwinden.
Verschwinden –
Dieser Gedanke kommt nun auch.

Das Schiff hält an.
Der Hafen noch fern …
Ich reagiere schnell
nehme rasch einen Schluck –
unsichtbar – für zwei Minuten.
Solange bin ich unentdeckt
weile mit Magie versteckt
leise auf des Schiffes Deck.

Jetzt fängt es an zu beben.
Die Besatzung

und auch der Kapitän
sie kommen mit blutrünstigen
schnellen Schritten
auf mich zu.
Und andere, furchtbare
mythische Wesen
die ich längst nicht zuordnen kann
steigen aus den Tiefen empor.
Die Angst in mir wird lauter.
Unerwartet rauer
das Bild meiner Mission.

Doch bis jetzt
haben sie weder mich bemerkt
noch das Entschwinden zweier ihrer Leute.
Überleben will ich dieses Heute.
Was soll ich tun?
Springen?
Ins weite Meer – flüchten und fliehen?
Ich kann nicht!
Wenn sie das Festland erreichen
ist alles zu Ende!
Ich muss das Schwert in meinen Besitz bringen!

Einmal schließe ich jetzt meine Augen
und schwöre mich ein:
Zeitpunktmut entfache und erwache
spüre ich in mir Verantwortung – tiefes Vertrauen.
Jetzt, wo alle Türen offen sind
schleiche ich hinein geschwind.
Und bin feurig wieder im Modus
gefährlich wie der Meereswind
spüre neue Energie.

Retten will ich unseren Globus
führen zu neuer, alter Harmonie.

Das Schwert
Es soll in des Kapitäns Kajüte sein.
Wo ist sie bloß?
Ich schaue mich um
dann auf die Uhr.
Enge Gänge
dunkle Wände
keine Spur.
Schnell. Schnell.
Schnell!
Muss sie finden!
Meine Mission
weicht wie meine unsichtbare Zeit ab.
Mit raschem Blick
prüfe ich jeden Raum.
Dann ist die Zeit um –
Die Besatzung – sie kommt herein –
denke an das Training in der Gilde.
Ich muss meinen Schleichfertigkeiten vertrauen!
Der Glaube an das Gute ist mein Schilde.

»Holt den Rum
holt den Wein.
Bringt das Essen
lasst sie rein.
Heute sollt ihr alle meine Gäste sein.
Ha, Ha, Ha, Ha,Ha.«
Ich verstecke mich schnell
hinter einer Bronzestatue
bewege ich mich nicht.

Unentdeckt wie hinter Gischt
beobachte ich still
die gespenstige Szenerie.
»Nein, neeein
das könnt ihr nicht machen.
Das könnt ihr nicht tun.
Wisst ihr denn nicht, wer ich bin?
Ich bin des großen Königs Kind.«
Sie schleppen sie fort.
Ich verfolge die Spur
hin zum Speiseort
wo geheime Magier
ihre Rituale zelebrieren. –
alle Vampire wollen sie probieren.
Ein grausames Verbrechen steht bevor.
Ich bete zu allen Göttern am Himmelstor.

Und da blitzt es in der Ferne golden
mit hellem Licht
und feinem Strahl.
Das muss sie sein.
Ich habe keine Wahl.
Sprinte, laufe schneller
ganz gleich, wer mich hört –
ganz gleich, wer mich entdeckt.
Jene geheimnisvolle Frau
die Königstochter
die so wunderschön ist
die mich magisch nah verführt!
Ich muss sie retten
bevor jemand sie auch nur berührt.

Da ist es.
Das Schwert

in der eisernen Vitrine.
So anmutig – und doch verspielt.
Und einmal mehr
muss ich es beweisen:
Wer ist der Meister der Nacht –
mit List und Geschick – mit Erfahrung in mir – und
Traum.

Und da jetzt niemand diesen Raum bewacht
drehe, wende, ziehe ich
drücke, rücke
mit geschickter Dietrichhandbewegung
bis das Schloss sich öffnet –
bis ich die Vitrine aufmache
und das goldene, zweihändige Schwert des Ra
an mich nehme – funkelnd, erhebend
der Sog der magischen Verheißung
einer neuen Etappe von Planetenleben.
Der Schicksalsklang.
Auf zu ihr.

Ich spüre seine Macht
in dieser dunklen Nacht.
Der silberne Mond bewacht
alle und jene Bewegungen an Bord.
Alles bündelt sich an diesem Ort
an dem ich bereit bin
jetzt meinem Schicksal entgegenzutreten!
So trete ich die Tür auf
und schaue der Finsternis
und gleichzeitig der Hoffnung ins Gesicht.
»Haltet ein, ihr dreckigen Barbaren.
Krümmt ihr nur ein Haar
und ihr werdet mit dem Leben bezahlen.«

Die Besatzung schreckt zurück.
»Kommt nur herein
Ihr kleiner Narr.
Mein Schiff ist voller Zauber!
Dachtet Ihr
Dass ich Euch nicht kommen sah.
Ha, Ha, Ha, Ha.
Ihr Tölpel.
Ihr werdet genauso sterben
wie diese verfluchte Königin.
Und bald schon
werden alle Ländereien mir gehören!
Ergreift ihn!«

Und die wilde Horde
von der übelsten Sorte
Vampire und Hexer
und Söldner und Schlächter
rüsten sich aus –
kommen jetzt näher.
Näher und näher zu mir
mein geschliffenes Erheben
gegen die Ungerechtigkeit –
gegen den Dunkelsturm, mein Wendepunktlicht

ziehe ich die goldene Klinge hervor.
Schimmernd erhellt sie den Raum
belebt, beflügelt meinen Mut –
meine Stärke entfacht –
das funkelnde Gewand über uns
bin ich bereit, zu sterben für das Gute –
für ein neues, freies Leben
elektrisiere ich mein innerliches Beben
das goldene Schwert des Ra.

Die Besatzung
erschrocken, versteinert, paralysiert.
Ich rufe laut.
»Haltet ein –
was wollt Ihr für ein Käpt'n sein?
Ich fordere Euch.
Kämpft mit mir
wenn Ihr euch traut.
Ihr ganz allein.
Ob Eure Zaubereien es wissen –
Ihr schaut einem Meister ins Gesicht.«

»Wie Ihr wollt
Ihr kleiner Narr –
doch glaubt nicht
Dass Euer Gold Euch helfen mag.
Ha, Ha, Ha, Ha, Ha.
Wir werden uns auf's Deck begeben.
Alle Sterne sollen Euren Tod erleben.«
Und so ziehen wir
mitsamt der Königin
zum silbernen Schiffsdeck
für einen letzten, großen Kampf?
Ein letztes Aufeinandertreffen im Mondscheinlicht?

Die Besatzung bildet einen Kreis
in dem wir beide –
der Kapitän und ich
uns jetzt befinden – allein.
Er erzählt von seinen Abenteuern:
seinem Segeln bei allen Winden.
Seinen Triumphen auf allen sieben Weltmeeren.
Er berichtet stürmisch von seinen glorreichen Siegen
–

seiner Unsterblichkeit.
Und bauscht seine Truppe auf.
Sie brüllen
und schreien
und rufen laut –
und fordern einen Kampf mit gigantischen
Ausmaßen.

Elektrisiert ist die Atmosphäre.
Unheimlich.
Mystisch. Mysteriös.
Dann zieht er zwei Schwerter hervor.
Beidhändig, denke ich leise.
Mein Herz rast, das Mondlicht auf uns gerichtet.
Ich erwidere
und ziehe meine neue Waffe.
Silbernes Licht
trifft auf goldenen Schimmer.
Es beginnt!

Mysteriös langsam
bewegt er sich zunächst.
Schaut zu mir –
und ich zu ihr –
zur Königin.
Unsere Blicke treffen sich
im hoffnungsvollen, leisen Zwischenraum –
ein Lichtmoment –
ein Glaubensschub –
ich kann sie sehen.
Ich muss bestehen.
Ich muss sie retten.
Das Schiff vibriert
mein Blut pulsiert

der Kampf beginnt.
Mit aufgerissenen Augen
stürmt der Kapitän wild
mit seinen Schwertern auf mich zu
schwingt sie mit voller Kraft umher.
Wie im Bann blocke ich seine Hiebe ab
weiche aus, springe zur Seite.
Seine Bewegungen sind schnell, rasant.
Ohne Erbarmen.
Ohne Vorwarnen.
Er versucht meine Beine zu treffen.
Ich springe über seine Klingen
federe mich vom Boden ab, geschickt
geschwind schlage ich mein Schwert in seine
Richtung.

Ich will ihn aufschlitzen
wie die beiden Vampire zuvor.
Er blockt mit einer Hand
mit der Nächsten holt er wieder aus.
Ich springe zurück
bleibe in Bewegung, bebend-intensiv.
Die Menge schreit.
Er setzt zur nächsten
versierten, gefährlichen Kombination an.

Jetzt hält er ein Schwert
dicht über seinem Kopf.
Das Andere in Bauchhöhe.
Beide Spitzen auf mich gerichtet.
So sprintet er rasant auf mich zu.
Immer und immerzu, mein Feuer, denke ich.
Leidenschaftlich, konzentriert pariere ich seine wilden
Hiebe

die jetzt in eine dauernde
und stetig rotierende Angriffswelle übergehen.
Ich wiege mich nicht mehr in Sicherheit.
Und als er mich am Oberarm streift
wird mir klar, dass ich ihn nicht besiegen kann.
Ich brauche und ersehne einen Meisterstreich.

Mit meinem Knie
berühre ich den Boden
ringe nach Atem
kämpfe um Ideen.
»Das ist dein Ende.
Du!
Du bringst nicht die Wende!«
Ich blicke in den Nachthimmel
in das tiefe Sternenmeer.
Dann zu ihr –
ein letzter Blick? –
Doch da!
Jetzt leuchtet es auf
ganz stark!

Das goldene Schwert des Ra. –
Was bedeutet dies?
Was kann dies sein?
Ich kämpfe mich
auf meine Beine zurück
und die leuchtende Waffe
vor mir, pulsiert, vibriert
wieder stark in meinen Händen.
Eine neue magische Vertrautheit
um das Blatt final zu wenden?
Ein tiefes, göttliches Zeichen? –
Komm nur näher.

Näher und näher zu mir
mein geschliffenes Erheben
gegen die Ungerechtigkeit –
gegen den Dunkelsturm, mein Wendepunktlicht –
mein Glaube ist zurück!

Ich schaue zum Kapitän.
Seine Augen haben Zuversicht verloren.
Ich spüre Furcht, ich spüre meine Chance.
Ich spüre das Hohe in der Luft.
Auf einmal entlockt sich mir golden
das Geheimnis des Ra.
Mein ausdauerndes Blocken
hat das Schwert aufgeladen
bis es jetzt vollkommen energetisiert ist –
und seine wahre Kraft mir offenbart?

Voller Energie
mit neuem, göttlichem Mut
springe ich in die Lüfte
hebe ab, hoch hinaus
und hole schimmernd aus.
Die Menge weiter aufgebauscht.
Und nun, der Kapitän
er blockt mit beiden Schwertern
doch sie halten der funkelnden Wucht nicht Stand.
Sie brechen entzwei.

Meine magische, leuchtende Klinge
durchbohrt seinen Körper! –
Ich sehe ihn an –
Und er weiß jetzt
dass er geschlagen ist. –
Stille kehrt ein.

Der Nebel ist fort.
Der Kapitän
löst sich wie die beiden Vampire auf.
Die restlichen Besatzungsmitglieder
springen in Panik vom Schiff.
Es ist vollbracht.

Ich gehe zu ihr.

Ich befreie sie.
Sie umarmt mich
so zitternd und weint
und sagt:
»Ich verdanke dir mein Leben!
Mein Retter.
Mein Held!
Alles will ich dir fortan schenken.«
Und drückt mich noch fester
und kann es noch immer nicht glauben.
Doch wir –
wir sehen uns jetzt tief in die Augen. –
Dann wieder Stille
in einem wachen, melodischen Moment
magischer Vollkommenheit …

Leise sehe ich, wie schön sie ist.
Leise rauscht das Meer –
und wir küssen uns im Mondscheinlicht.

Wir und die Welt

Wenn wir uns finden.
Wenn wir uns sehen.
Wenn wir berührt sind
vom gemeinsamen Geschehen.
Wenn wir wach sind – und leben –
wenn wir den gleichen Pulsschlag
und in uns das Universum haben –
wenn wir zu zweit sind.
Wir: beseelt und frei
können wir die ganze Welt vergessen!
Ist das
das Schönste –
oder das Traurigste am Leben?

Inhalt

Worte   5
Im Mondschein   6
Umarmung   7
Das Leben mit dir   10
Neues Leben   13
Schatzkarte   14
Verlangen   15
Für Leidenschaft   17
An den Tasten   18
Abendlied des Klassikvirtuosen   19
Ein göttliches Geschenk   21
Nachtgedanken   23
Nachtviole   26
Im eigenen Rhythmus   27
Meeresrauschen   29
Das grüne Licht   31
Ein Held   33
Schlafende Kunst   34
Nachtblick   37
Von Blick zu Klang   39
Worte II   40
Ursprungsklang   42
Der weltalte Traum   43
Nachtfunkeln   45
Im Fluss   46
Schwebende Nacht   47
Das Unbewusste   48
Allein   49
Wie der Wind   50
Poet gegen den Strom   51
Der Weg   53
Zuhause   54

Ein leises Treiben	56
Rauschen	57
Kosmische Melodie	59
Undurchsichtige Quest	61
Nachtwandler	64
Das goldene Schwert des Ra	71
Wir und die Welt	87
Über den Autoren	90

Über den Autoren

Philip Bartetzko, geboren 1992 in Aachen, ist Dichter und Pianist. Bei Auftritten verbindet er seine Texte gerne mit eigenen Klavierstücken. Aktuell arbeitet er an neuen Buchprojekten sowie an einem Hörspiel. Mit *Leise schwebt das Leuchten* erscheint sein vierter Gedichtband.